Marion Jana Goeritz

Wolken am Himmelsrand

Bibliografische Information der Deutschen Nationalbibliothek:

Die Deutsche Nationalbibliothek verzeichnet diese Publikation in der Deutschen Nationalbibliografie; detaillierte bibliografische Daten sind im Internet über http://dnb.dnb.de abrufbar.

Coverbild:Vlad Ymyr auf pixabay

Coverbild bearbeitet: Marion Jana Goeritz

Herstellung und Verlag: BoD – Books on Demand, Norderstedt

ISBN: 978-3-7494-8219-1

Herzlich willkommen liebe Leser,

flogen wir gestern noch zum Himmelsrand, sind wir heute vielleicht schon wo anders unterwegs? Vielleicht weil wir nicht fanden, was wir suchten? Wir alle wünschen uns Liebe. Dabei vergessen wir manchmal, das wir uns selbst zu erst lieben müssen, um Liebe verschenken zu können, aber auch anzunehmen. Wir erwarten vielleicht, das ein anderer sieht wie wir uns fühlen, anstatt das wir darüber sprechen, damit wir uns besser fühlen. Liebe dich selbst und du wirst geliebt. Liebe heißt nicht seinen Willen leben, Liebe heißt Liebe und auf ihren Wegen gibt es viel zu entdecken.

Herzlichst

Marion Jana Goeritz

Kometenschweif Silberland,

goldene Sonne schenkt ihm Licht.

Sie sieht ihn nur im Niemandsland,

doch fühlt sie ihn dort nicht.

Träume viel zu weit gestreut?

Helles Licht zeigt Farben auf,

und wenn er reist

von Stern zu Stern,

bewegt er sich doch kaum.

Wir halten die Welt an
und erzählen ihr Liebe.
Unsere Farben,
vielleicht heilen sie die Welt
schon Heute.
Drehen an ihr,
um Angst zu besiegen.
Abenteuerland,
erfindet sich neu.

Mancher Traum der Nacht,

schmeckte bitter.

Mancher Traum der Nacht,

war schon zuckersüß.

Manche Schatten,

waren auch Fallen,

doch befreiten wir uns davon?

Manches Wort in der Nacht,

klang düster.

Manches Wort in der Nacht

hallte noch nach.

Manches Licht

in der Nacht war zu grell,

als das wir wirklich etwas sahen.

Manche Tage einfach bunt

und Licht bestimmt den Weg!

Manche Tage einfach laut,
weil Lachen uns bewegt!
Manche Tage auch mal leise,
berührte Seele spricht mit Herz.
Und wenn aus manchen Tagen
viele werden,
kann vielleicht
der zuckersüße Traum der Nacht
auch überleben?

Wenn eine Seele die Lüge ahnt,

kein Traum mehr erzählt

vom Glück.

Kein Versprechen

mehr den Raum erfüllt,

und ein Herz

den Riss schon fühlt,

dann ist es Zeit zu gehen.

Wenn eine Seele

die Wahrheit fühlt,

ein Traum erzählt vom Glück.

Ein schönes Versprechen

das Wahrheit birgt,

sich auf den Weg begibt

und ein Herz sich darauf freut,

dann ist es Zeit für Zweisamkeit

und vieles ist erlaubt.

wenn du dich vergisst,
erlebst du keine wunder.

Drachentöter hörst du mich?
Warst mein Retter in der Not.
Erlegtest sie mit einem Schrei,
dein Feuer versank sie
im Nirgendwo.
Lebe und sei gewiss,
dich vergessen kann ich nicht,
dein Mut, war auch mein Risiko.
Drachentöter hörst du mich?
Ich lebe doch und danke dir.

Ein Wimpernschlag,

vielleicht auch zwei,

und wenn ich glaubte es ist vorbei,

war sie plötzlich wieder da.

Sie lebt tief in mir

und verloren geben

möchte ich sie nie.

Durch sie, fühlte ich

jenen Augenblick,

der Großes schon versprach.

Mutig erlaubte ich mir meinen
Traum,

doch, wurde er mir

bisher nicht erfüllt,

und doch ist sie wahr?

Mutig und mutig muss ich sein,

für sie,
die sich immer wieder zeigen will.
Liebe.

Trugst du schon einmal einen Stein
auf dem Herzen?

Wo hast du ihn fallen lassen?

Seidener Faden du hältst fest,
was dir treu zur Seite hängt.
Ist die Sonne auch
gerade versteckt,
gleich wird es wieder anders sein.
Bewegst du dich zu schnell,
halte ein!
Doch stehst du still, sieh nach dem,
der dich Retter nennt.
Du bist sein letzter Halt, glaubt er.

Zwei Seelen fanden sich,

Atem hauchte Liebe ein.

In einer Nacht Berührung sanft,

so schön.

Sie reisen von hier nach da

und liegt ein Sinn darin,

wird er auch irgendwann

zu fühlen sein.

Auch wenn du glaubst,
du wärst allein, sie sehen dich.
Führen deine Schritte
dich auch wo anders entlang,
als meine Schritte mich,
unser Weg, kann nur Liebe sein.
Sterne sie leuchten nur,
weil die Sonne
ihnen Licht auch schenkt.
Suchen wir die Antwort in uns,
wenn keiner eine Antwort weiß.
Probieren wir uns aus
und finden uns wirklich.
Glauben wir an die Liebe,
die uns führen wird ,

wenn wir doch
einmal traurig sind.
Und glaube ich, ich wäre allein,
ich bin gesehen durch sie.

Wie fand die Liebe ins Irgendwo?

von wo sie kam, bedeutungslos?

Wohin sie führt, nur ein Traum?

Und erzählt ein Herz,

wer ihm zur Seite schlägt,

ist es bedeutungsvoll?

Auf der Suche nach Erinnerung,

deren Zauber

sich in den Farben zeigt,

welche auch in ihr wohnen,

findet sie den Schatz,

der sie geborgen hält.

Wenn Ebbe und Flut

auch kommen und gehen,

die Farben schwimmen im Meer

der Ewigkeit.

Und malt der Mond

auch silbern das Meer in der Nacht,

am Tag scheint es wieder golden.

Was es mit ihr macht?

Sie hat sich einmal mehr gefunden,

wohl auch durch die Erinnerung.

Auf der Suche nach sich Selbst,

fand er sie im Weltentanz.

Die Sonne fühlte er an diesem Tag.

Worte die er sprach,

trauten sich so viel.

Und auf einmal war sie im Gefühl

und hielt sich fest

für einen Moment,

der für ihn wohl alles war.

Vergessen war so schwer.

Und bunte Bilder,

malen Zukunft in sein Herz.

Im Rausch der Liebe
wirklich alles gefühlt?
Schnelldurchlauf, nichts versäumt?
Sehnsuchtsmelodie
spielte nie nah genug am Herzen?
Bis der eine Mensch dann kam,
der alles in den Schatten stellte.

Magnet der Liebe hält fest,
das sich gefunden hat.
Mut spiegelt sich im anderen wider,
alles gewinnen wir heute,
das uns wichtig ist.
Gefühle auf Kurs,
nie gedacht und doch geschafft,
aus mir und dir, wurde ein uns,
das glücklich macht.

Amorspfeil verfehlt nie sein Ziel.

Sein Licht scheint auf die,

für die es bestimmt.

Manche Pfeile selbst geschnitzt,

und abgeblitzt?

Dann war es wohl nur ein Wille

und kein ehrliches Gefühl,

das auf die Reisen ging.

Sein Schweigen zu laut,

sie kann es nicht brechen.

Manchmal schmerzte sie es,

doch sie hatte keinen Plan,

wie es sich ändern hätte lassen.

Sie weiß genau,

er kann schon fühlen,

was sie sagen möchte.

Doch nun fühlt sie die Stärke in sich

und sie kann gehen.

Er, behandelt sie nie wieder so.

Rückenwind,
er trägt uns über vieles hinweg.
Keine Grenzen,
wenn wir auch nur
an kleine Wunder glauben!
Und wer sagt denn,
das ein Wunder klein sein muss?
Hey, schau wir fliegen!

Goldener Stein,

weit bist du gereist.

Wie fandest du zu mir?

Erzählst mir

von einem Sandkorn klein,

und

das sich ein anderes

noch dazu gesellte?

Goldener Stein,

erzähle mir die Geschichte

deines goldenen Kleides.

Ist es mein Gefühl,

das deine Worte malt?

Im großen Saal der Träume,
leben traurige Seelen wieder auf.
Sie lächeln zur Musik,
sie spielt mal leise und mal laut.
Und schweben sie friedlich
im Lichterglanz,
halten sie sich fest,
damit die Liebe bleiben darf
und sie nie wieder verlässt.

Manche Geister kamen schnell.

Andere mit der Zeit.

Und wenn die Dunkelheit einbrach,

ertönte manch ulkige Musik dazu.

Sie fühlten sich klein,

doch als der Tag anbrach,

wussten sie nicht,

waren sie es selbst?

Kennst du den Kater von nebenan?

Drei mal schwarz!

Ist etwas geschehen?

Der Kater

lässt das Schmusen nicht?

Du hast ihn gesehen,

kennengelernt?

Ich noch nicht !

Glaubst du,

das Dach und Keller eines Hauses,

im Übertragenen,

Kopf und Füße sind?

Oft stehen unterm Dach

und im Keller,

viele Dinge die auch unnütz sind.

Glaubst du auch,

wir sollten gut überlegen,

wohin wir gehen?

Wenn seine Stadt
ihre Lichter entzündet,
stellt sie sich vor,
er schaut sehnsuchtsvoll
aus dem Fenster
und sein Herz sehnt sich zu ihr.
Wartet sie auch darauf,
es zu sagen fällt ihr schwer.
Der Trubel verschluckt ihn nicht,
denn er bleibt zu Haus.
Seine Gedanken kreisen nur um sie
und nichts hält sie mehr auf.
Sagen die anderen auch,
viel zu weit, wird so wie so nicht
gut,
hört er nicht darauf,

nicht bevor sein Herz es tut.

Wenn ihre Stadt

ihre Lichter entzündet,

fühlt sie sich zu ihm ganz leise.

Ist es so viel wert,

was sie in ihm sieht?

Sagen die anderen auch,

er meldet sich nie,

sonst hätte er es bereits getan,

hört sie darauf,

denn ihr Herz,

hat es auch gesagt.

Sein Name, für sie unbedeutend?

Nein, so war es nicht.

Doch sein Geheimnis

darf nun wer anders sein.

Sie steht im Licht

und wollte er zu ihr,

würden sie gesehen.

In einem Album, sein Leben!

Fotos zeigen ihn.

Städte, Menschen,

und auch er in Farbe,

gut sortiert.

Doch was er fühlt,

scheint immer gleich,

erzählt wohl nichts von ihm?

Dabei sehnt er sich so oft,

seine Liebe

an seiner Hand zu führen.

Warum

bleibt sein Gefühl verborgen?

Was

verschweigt er vor sich selbst?

Sein Album
zeigt sein Leben,
doch von seiner Seele
spricht es leider kaum.

Sein Schrei nach Liebe,

er hat sie erreicht.

Wo soll sie ihn begraben,

wenn er sich selber noch nicht liebt?

Die Welt um ihn,

ist sie aufgeschreckt,

und hat sie sich weh getan?

Du musst wissen,
ich brauche die Wahrheit!
Auch wenn sie weh tut,
gesagt muss sie sein!
Ist sie doch die Einzige,
die wirklich hilft.
Was wir brauchen ist Liebe,
nur dann
werden wir wirklich größer sein.

Der Mann mit der Gitarre,

er singt so schön.

Das Feuer brennt nieder

und ich träume dazu.

Seine Sprache klingt fremd

und doch fühle ich,

er singt von Liebe.

Von der Frau,

die ihm den Kopf verdreht

und ihn doch verlässt.

Doch er findet

und holt sie zurück.

Sein Glück ist perfekt

und das Holz im Feuer

glüht vor sich hin.

Der Mann mit der Gitarre,

er spielte so schön.

Seine Stimme klang fremd,

doch ich verstand.

Fremdes Land,

Menschen mit ihren Wagen

fuhren manchmal durch dich.

Sie sangen Lieder,

vielleicht auch ein Lied

aus der Erinnerung.

Durch weite Planen

wehte der Wind

und ihre Kinder fröhlich waren.

Vielleicht

sah ich sie schon einmal fahren?

Als Kind

lag ich in meinem kleinen Wagen,

da kamen sie an mir vorbei?

Waren nicht erwünscht

und manche sagten,

nehmt den kleinen Wagen rein?

Doch ich empfinde anders für sie,

die durch die Lande fahren.

Fremdes Land,

diese Menschen

fahren sie immer

noch durch dich?

Ist das so,

sage ihnen, ich erinnere mich,

wenn auch nur tief in meiner Seele.

Zauberwald,

Bäume atmen frühe Morgenluft.

Ihr Herz,

es legt die Schwere der Nacht

auf grünes Moos.

Weich gebettet

versinkt es ins Nirgendwo.

Morgenröte

wandert langsam aufwärts,

schönes Violinenspiel.

Leidenschaft,

ringt noch mit der Nacht,

doch weißes Tuch umhüllt sie sacht.

Liebe fehlte,

doch Seele lacht schon in den Tag.

Ein zweites Mal

wird es nicht geben.

Silbern scheint es in die Nacht.

Träume wandeln

und ihre Farben streuen weit.

Gefühle fangen sie sich auch ein,

die Welt, sie dreht sich weiter.

Wie kann das sein?

Herzen die fliegen,

sie heißen Liebe

und ihre Welt steht still.

Und wenn das Silberlicht der Nacht,

durch mein Fenster scheint,

fühle ich mein Herz

es sehnt sich nach dir

und ich mache dich einfach wach.

Unsere Welt steht still,

auch mitten in der Nacht.

Und nur der Mond hat es gesehen.

Alte Gedanken nun zerrüttet.

Feuer ist schon angezündet.

Alles verbrennt.

Den Ort gefunden, an dem wir sind.

Mut steht in uns geschrieben.

Liebe ist es, die uns wohnt.

Auf der Suche,
nach dem was sein darf,
begegneten wir uns.
Seelen fanden sich zuvor,
tauschten aus,
was gelernt sein wollte.
Am Tag und auch bei Nacht
fühlten wir, das es stark ist,
das mit uns?
Einst verloren
und doch wiedergefunden?
Mein Herz stellt Fragen,
weißt du davon?

Im Mondenschein

eine Zaubermelodie.

Der schwarze König,

er spielt so schön.

Manche Seele

breitet ihre Schwingen aus,

erhebt sich

mit der Melodie ganz sacht.

Woran glaubt er, in dieser Nacht?

Der Mond auch seine Runden zieht,

sein Wunsch, sie wäre hier,

lebt er in ihm?

Seine Augen suchen nach Liebe,

und

sein Herz hat Liebe gefunden in ihr,

sie jedoch,

nur den weißen König liebt.

Zeigte sie ihm was Liebe heißt?

Der Schmerz

in seiner Seele brach ein,

als die Erinnerung ruhte

und er sprach.

Und war zu Anfang

auch nur die Nacht

in Gefühle schön gehüllt,

der Tag

brachte sie auch zum Erblühen.

Sein Gesicht in der Menge,

nur um sie zu finden

und er erkannte sich in ihr.

Zwei Augen, wie Edelsteine grün.

Zauberschein.

Lassen los, fangen ein,

spiegeln ein Seelenlied,

und alte Seele weiß so viel.

Wird schon Morgen geheilt sein,

was das Leben in ihr abgelegt?

Rosa Rosentraum

auf weißer Spitze,

sie fragt sich,

ob sie dich trägt an jenem Tag?

So gern möchte sie sich in dir sehen

und fühlen

was seine Seele spricht.

Geheimnisvoller Gang

im alten Haus, wo führt er hin?

Noch weiß nur

ein alter Spiegel an der Wand,

was ihr Geheimnis ist.

Im wald des Vergessens,

hat man ihn gesehen.

Er ist wieder da

und er hat nach ihr gesehen.

Seine Augen groß und leuchtend,

einst ängstigten sie sie.

Seine Stimme manchmal so laut,

das sie sie hörte.

Sein Fell glatt,

jedoch trägt er es schon immer so.

Und wenn sie ihn jagen,

tut es ihr leid.

Ihre Gefühle erzählen viel

und doch hat sie verstanden.

Sein zu Hause ein Versteck?

So manche hat er schon entdeckt,
doch vor ihr hat er Angst.
Und sie weiß auch warum.

Ihre Burg,

sie war auf Sand gebaut,

sie haben es erkannt,

als die Wellen sie ins Meer gespült.

Nackt sahen sie sich zu jener Zeit,

und erkannten

die Gefühle in sich so leicht.

Sie kreisten nicht mehr,

wie einst die Raben um den Turm.

Auch Liebe

stand im Sand geschrieben,

doch noch keine Welle

küsste dieses Wort.

Und gehen auch andere

dort spazieren,

fühlen sie Liebe,

es steht immer dort geschrieben.

Magie, ein Licht der Liebe,
du besuchtest ihn heute Nacht.
Kein Wissen über dich, war in ihm,
doch ein Gefühl blieb in ihm zurück.
Seine Schleier nahmst du fort,
brachtest sie
an einen geheimen Ort,
den er nie finden wird.
Seine Flügel sie schwingen schon,
und bald fliegt auch er
an einen schönen Ort,
den er dann zu Hause nennt.
Magie, ein Licht der Liebe,
wann besuchst du sie?
Damit sie fühlen darf,
wer zu ihr gehört?

Sternenturm in weißer Nacht,

dein Licht ist angezündet.

So viele Gedanken

gingen einst in dir spazieren.

Dein Licht hat sie beleuchtet

und keiner der Gedanken blieb.

Sternenturm,

deine Treppen silbern geschmückt.

Heute Nacht

ging ich in dir spazieren.

Wunderbaum im grünen Kleid,
durch deine Blätter
singt der himmlische Wind.
Meine Lieder sang ich schon so oft
in deinem Schatten,
und eine weiße Rose
fiel mir in meine Hand.
Legte sie zu den anderen
und erzählte ihnen
von meinem Gefühl,
das mich nicht ruhen lies.
Dein grünes Kleid
nahm ich in deinen Bann
und erzählte von Heilung mir.

Steine bunt im Ozean,

manchmal bringt der Sturm

sie an den Tag.

Fühlten sie auch Angst,

doch ihre Belohnung war das Licht,

weit ab der Dunkelheit.

Wer auch immer an seiner Seite ist,

ich werde seine wahre Liebe bleiben.

Zeige ihm immer wieder

sein eigenes Gesicht.

Wen er auch immer lieben wird,

ich werde die sein,

die er in seiner Seele fühlt.

Er liebt mich so,

wie keinen anderen Menschen,

auf der ganzen Welt.

Was er auch immer tun wird,

ich werde die sein,

die ihn wohl immer lieben wird.

Er ist der,

welcher wahre Liebe schenkt?

Weit ab der Wellen,

malen wir unsere Herzen

in den Sand.

Spielen Fange, fallen sacht hinein.

Seelenlichter strahlen weit

und leuchten die Sterne über uns,

fühlen wir, Liebe heilt.

Spiegelland,

öffnest du deine Türen,

gehe ich verloren?

Meine Schatten,

werfen sie sich über mich,

und halten mich gefangen?

Weiße Schleier hüllt mich ein,

ganz sacht,

damit ich weiter atmen darf.

Spiegel so nah, dein Land,

das du mir zeigst,

ich kannte es bereits.

Wünschte mir,

mein wahres Gesicht zu sehen.

Und lernte mich kennen,

im Innehalten,
auch im Gehen.

Mutig sein,

einfach und doch schwer.

Manchen Weg,

sieht man vor sich nicht,

ist man auf ihm unterwegs.

Doch wer sagt uns, geh nur weiter,

vorwärts nur?

Unser Gefühl,

es zeigt sich dann,

und wir schaffen es wohl nur,

sind wir mit ihm eins.

Von Marion Jana Goeritz ebenfalls beim Verlag BoD erschienen (BoD Books on Demand, Norderstedt, nähere Informationen finden Sie unter www.BoD.de)

„Liebe für die Seele Band 1“
ISBN 978-3-7357-4045-8

„Liebe für die Seele Band 2“
ISBN 978-3-7357-7734-8

„Seelenweiß“
ISBN 978-3-7347-5769-3

„Seelen essen Liebe gern“
ISBN 978-3-7347-8706-5

„SeelenEngel“
ein spiritueller Erfahrungsbericht
ISBN 978-3-7386-2588-2

„SeelenSchlüssel“
ISBH 978-3-7386-3844-8

„Seelenfarben“
ISBN 978-3-7386-3947-6

„Seelenschimmer"
ISBN 978-3-7386-4014-4

„Seelenfinden"
ISBN 978-3-7386-4037-3

„Ein Gefühl meiner Seele"
ISBN 978-3-7386-1506-7

„Seelenfrieden" Danken, Bitten, Ent-
spannung ein persönlicher Erfahrungs-
bericht
ISBN: 978-3-7386-4884-3

„Seelenweihnacht"
ISBN: 978-3-7386-5616-9

„Im Land unter dem Regenbogen"
Wunderbare Märchen und unglaubli-
che Geschichten
ISBN: 978-3-7392-0115-3

„Freddy und seine Geschichten"
ISBN: 978-3-7386-3321-4

„SeelenWorte"
ISBN: 978-3-7392-0455-0

„Herzanker"
ISBN: 978-3-7392-3482-3

„Im Fluss der Liebe"
ISBN: 978-3-7392-3489-2

„Seelenklänge"
ISBN: 978-3-7392-3532-5

„Liebeslied"
ISBN: 978-3-7392-3548-6

„Wahre Traumtänzerin"
ISBN: 978-3-7392-3556-1

„Emilia Sommerfeld"
ISBN: 978-3-7392-3787-9

„Für mich war es Liebe"
ISBN: 978-3-8423-5362-6

„Kaleidoskop"
ISBN: 978-3-8423-5738-9

„Die verzauberte Wiese"
ISBN: 978-3-7412-0772-3

„Seelenbrücke"
ISBN: 978-3-7412-0890-4

„Wetterleuchten"
ISBN: 978-3-7412-2740-0

„Zentrifuge"
ISBN: 978-3-7412-4011-9

„Für Dich"
ISBN: 978-3-7412-4018-8

„Hannos Geschichten"
ISBN: 978-3-7412-9373-3

„Das Eulenherz"
ISBN: 978-3-7431-0009-1

„Eine Reise irgendwo hin"
ISBH: 978-3-7421-0042-8

„Ist das wirklich wahr?"
ISBN: 978-3-7431-1549-1

„Stille Momente"
ISBN: 978-3-7431-1586-6

„Engelszwirn"
ISBN: 978-3-7431-1594-1

„Anders"
ISBN: 978-3-7448-3582-4

„Wenn es spricht"
ISBN: 978-3-7448-3583-1

„Jonas und die Himmelsleiter"
ISBN: 978-3-7448-5452-8

„Farbenregen"
ISBN: 978-3-7448-5453-5

„Wellenfarbe"
ISBN: 978-3-7448-7311-6

Blanchefleur
ISBN: 978-3-7448-7415-1

„Winterzauber"
ISBN: 978-3-7448-9885-0

„Seele was denkst du dir?"
ISBN: 978-3-7448-9937-6

"Der Südwind
der aus dem Norden kam"
ISBN: 978-3-7448-8206-4

"Erinnerungsblick"
ISBN: 978-3-7460-1281-0

„Mosaik" Gefühle und Gedanken
Gedichte
ISBN:978-3-7460-1320-6

„Begegnung"
ISBN: 978-3-7460-9595-0

„Sternenozean"
ISBN:978-3-7460-9685-8

„Himmelsstern"
ISBN: 978-3-7528-5012-3

„Mut verspricht Lebendigkeit"
ISBN: 978-3-7528-5071-0

„Liebeswort-Gedichte"
ISBN: 978-3-7528-6639-1

„Wenn Schiffe wandern"
ISBN: 978-3-7528-6655-1

„Bunte Federstriche" Gedichte
ISBN: 978-3-7481-0960-0

„Himmelblau und Sonnenreich"
Tierseelengeschichten
ISBN: 978-3-7481-3289-9

„Durchreisen"
ISBN: 978-3-7386-5903-0

„Grüne Traummusik"
ISBN: 978-3-7392-4925-4

„Bewegung"
ISBN: 978-3-7481-4013-9

Weitere Informationen zu Neuerscheinungen finden Sie immer auf meiner Seite

www.buchkaleidoskop.Reikipraxis-Goeritz.de